Ass Malick Dembo Djiba

Les Sermons de Seydina Limamou Laye al Mahdi

Ass Malick Dembo Djiba

Les Sermons de Seydina Limamou Laye al Mahdi

Éditions Muse

Imprint

Cover image: www.ingimage.com

Publisher:
Éditions Muse
is a trademark of
International Book Market Service Ltd., member of OmniScriptum Publishing Group
17 Meldrum Street, Beau Bassin 71504, Mauritius
Printed at: see last page
ISBN: 978-620-2-29701-1

| LE ZIKR | LA PURIFICATION (Les ablutions mineures - La grande ablution)| LA PRIERE |

I LE ZIKR OU L'INVOCATION D'ALLAH

Le zikr occupe une place importante dans l'enseignement de Seydina Limamou LAHI (PSL). C'est une pratique religieuse très répandue chez les layènes à travers les chants religieux et les dahiras.

La glorification permanente d'ALLAH par la proclamation de son unicité et de ses éminents attributs constitue bien une des caractéristiques du comportement religieux du disciple de Seydina Limamou LAHI (PSL). Dans son enseignement du Tawhid (unicité d'ALLAH) Seydina Limamou LAHI disait:

"Ne négligez pas d'invoquer le souvenir d'ALLAH partout où vous vous trouvez. Le rappel du souvenir d'ALLAH diminue les mauvaises actions et multiplie les bonnes; méditez sur les prodiges d'ALLAH telles que la création des cieux et de la terre. ALLAH a ordonné que l'on multiplie Son souvenir car Il a dit: « répétez souvent le nom d'ALLAH et célébrez le matin et soir.... »"

Mais il est recommandé le respect strict des règles de discipline devant l'accompagner. ALLAH le Tout Puissant nous dit: «Récite ce qui t'est révélé du Livre et accomplis la prière. En vérité la prière préserve de la turpitude et du blâmable. Le zikr est certes ce qu'il y'a de plus grand. Et ALLAH sait ce que vous faites.»(Sourate29 verset45). Cette injonction fait sous-entendre que le zikr, vu son importance, requiert les mêmes normes de discipline que la prière.

C'est ainsi que Seydina Limamou LAHI (PSL) privilégie entre autres pour sa communauté le Zikr de la formule: «Lâ' illâha illa -l - Lâhu Muhammadu -r - Rasûlu -l- Lâhi salla -l -Lâhu _alayhi wa sallam » (« il n y' a de divinité qu'ALLAH et Muhammad est Son Messager–Paix sur lui »), qui est l'attestation de foi musulmane par excellence car le prophète Mouhammad (PSL) avait laissé entendre à ses compagnons que « d'Adam jusqu'à lui aucun prophète n'a emmené une formule divine aussi sublime ».

Et à travers les pratiques de sa communauté on peut affirmer que Seydina Limamou LAHI (PSL) a mené le soufisme à sa perfection en incitant chaque membre de sa communauté à adorer ALLAH comme l'auraient fait les élus et il a même innové pour aller plus loin, dans le soufisme de masse. C'est pourquoi le Saint-Maître Seydina Limamou LAHI (PSL) recommande fortement de faire aussi le zikr en masse.

Suite à ces exhortations, les layènes où ils se trouvent, doivent se regrouper en associations religieuses sous forme de dahira ou de daara pour mieux s'imprégner des sciences islamiques et chanter ensemble les louanges d'ALLAH et de Son Prophète (PSL).

Les bienfaits du zikr :

Les bienfaits que procurent le zikr sont immenses car l'Envoyé d'ALLAH a dit: «Aucun groupe ne se forme pour invoquer ALLAH, que Son Nom soit exalté et uniquement pour Son visage sans qu'un crieur ne crie au Ciel, levez-vous avec vos péchés pardonnés et vos mauvaises actions changées en bonnes œuvres. Le Paradis est la récompense de celui qui se souvient de son Seigneur »

Voici quelques hadith qui en témoignent :

Abdallah ibn Omar a dit: «J'ai interrogé le Prophète comme suit: Ô Apôtre d'ALLAH! quel est le bénéfice procuré par le zikr réalisé au sein d'un groupe?

C'est le Paradis, fut la réponse du Prophète.»

Ceux qui se réunissent en vue du souvenir d'ALLAH gagnent de multiples faveurs divines comme l'atteste cet autre hadith du Prophète rapporté par Abu Saïd Al Qudri et Abu Hurayra:

« Il n'est pas de groupes d'hommes assis et invoquant ALLAH qui ne soit entouré d'anges, enveloppé de la Miséricorde Divine et sur lequel ne descende la quiétude. ALLAH se souviendra de ce groupe auprès des siens.

Quel est le meilleur acte?

Que tu ne cesses de te rafraîchir la langue par l'invocation d'ALLAH jusqu'au moment où la mort te surprend, répondit l'Envoyé d'ALLAH. »

Le zikr chasse l'inquiétude de l'âme et tranquillise le cœur, car ALLAH dit : « ...ceux dont les cœurs s'apaisent au souvenir d'ALLAH; les cœurs ne s'apaisent-ils pas au souvenir d'ALLAH ?»

D'après Abu Saïd Al Qudri : «...le Prophète (PSL) répondit à une personne qui lui posa la question ci-après: Quelles seront les personnes les plus rapprochées d'ALLAH le jour du jugement dernier?

Celles qui se seront le plus souvenues de leur Seigneur, déclara Muhammad (PSL).»

Et un autre : «Ô Messager d'ALLAH! donne-moi un conseil, sollicita un jour du Prophète, Omm Annas. Celui-ci lui fit cette réponse:

Abandonne la désobéissance à ALLAH, c'est la meilleure piété. Observe fermement les actes obligatoires, car c'est le meilleur jihad. Et multiplie le rappel d'ALLAH car rien de ce que tu fais ne peut t'attirer autant l'amour d'ALLAH que la multiplication du zikr.»

Ainsi le croyant qui psalmodie beaucoup les glorieux noms d'ALLAH s'acquiert Son Amour.

II LA PURIFICATION

II_2-1. La purification interne

Elle consiste à purifier l'âme des impuretés, des péchés et de la désobéissance, par un sincère repentir et à nettoyer le cœur des souillures du polythéisme, du doute, de la rancune, de la supercherie, de l'orgueil et de l'ostentation, par la multiplication des pratiques religieuses telles que le zikr la prière et le jeûn.

Seydina Limamou LAHI (PSL) dit dans ses sermons:

"Purifiez-vous, lavez-vous et devenez propres; il y'a dans ce monde de l'eau et du savon. J'observe comment en ce bas monde vous vous purifiez par l'abondance de l'invocation du souvenir d'ALLAH à toute heure, par l'abondance de la lecture du Saint Coran, par l'abondance de la formule de la prière sur le Prophète (Salâtu 'alâ -n-Nabi), par la fréquence des bons conseils que vous donnez pour faire le bien et éviter le mal et par la fréquence de vos méditations sur les merveilles réalisées par ALLAH comme la création des cieux, de la terre, des montagnes, des végétaux, des mers, des fleuves et d'autres choses.

Si vous désirez le Salut, purifiez votre culte voué à ALLAH pour l'amour d'ALLAH et de Son Envoyé.

Demeurez constants dans ces pratiques pures même si elles sont assez réduites.

Si vous désirez le Salut, accomplissez de bonnes œuvres , multipliez l'invocation d'ALLAH à tout instant, regrettez ce qui vous a déjà échappé et purifiez vos richesses par l'aumône, par des dons et par des aides accordées à vos parents."

II_2_2. La purification externe

Elle se divise en deux parties:

La purification de souillures et impuretés qui atteignent les vêtements ou le lieu de la prière.

La purification légale des impuretés, qui s'applique au corps, par les ablutions et le lavage.

II–2–2–1. Les ablutions mineures («njapp»)

Dans l'Enseignement de Seydina Limamou LAHI (PSL) le musulman doit être en état de pureté et faire ses ablutions au moment de la prière, du tawwâf, et de la lecture du Saint Coran.

Ce qui entraine la rupture de l'ablution: ce sont les impuretés (ahdass) et les causes (asbab).

Les impuretés :

L'urine, les selles, le pet, le liquide prostatique secrété lors du plaisir produit par l'erection dans les cas de badinages amoureux ou de souvenirs voluptueux, le « wadji » qui est un liquide blanchâtre et épais qui s'écoule avant ou pendant, et généralement après la miction.

Les causes :

Le sommeil profond, la syncope, l'ivresse, la folie et le baiser qu'il y ait ou non intention gâtent toujours l'ablution. Après un attouchement qui tend à un plaisir voluptueux, qu'il se concrétise ou pas, on doit refaire ses ablutions. De même que si on n'y cherchait pas du plaisir et qu'on l'obtient tout de même. Le contact de la verge avec la paume ou par ses doigts est une cause de rupture de l'ablution de même que le fait d'introduire le doigt dans le vagin.

Il y'a lieu d'y ajouter aussi l'apostasie.

Comment faire l'ablution?

S'asseoir, si possible, en direction de la Kâba

Dire: «Bismi Lâhi-r-Rahmâni-r-Rahim, a_ûdu bi-l-Lâhi mina-_-_aytâni-r-rajîmi lâ hawla wa lâ quwwata illâ bil-l-Lâhi-l-_aliyi-l-_azîm ». Et formuler son intention.

Réciter Fâtiha sur Fâtiha jusqu'à la fin des ablutions.

Se laver:

les mains (3 fois)

la bouche (3 fois)

le nez (3 fois)

le visage (3 fois)

les bras, droit puis gauche, jusqu'aux coudes (3 fois)

la tête, allez et retour (3 fois)

essuyer les oreilles (3 fois)

le cou, parties avant et derrière (3 fois)

laver les jambes, droite puis gauche, jusqu'aux genoux en commençant par le gros orteil (3 fois)

Prendre de l'eau dans le creux de la main, dire «Bismi - l - Lâhi Rahmâni - r -Rahîmi,» souffler dessus et s'en asperger les habits, surtout le pantalon ou le pagne (3 fois)

Dire: «Bismi-l-Lâhi-r-Rahmâni-r-Rahîmi. Al Hamdu Li –l - Lâhi Rabbi-l-_âlamîn, Lâ illâha illa-l-Lâhu Muhammadu Rasûlu-l-Lâhi salla – l- Lâhu _alayhi wa sallam, Allâhumma salli _alâ Sayyidinâ Muhammadin wa sallim, hasbiya -l-Lâhu Allâhu Akbar.

A_hadu an lâ illâha illa-l-Lâhu, wahdahu lâ _arîka lahu wa a_hadu anna Muhammadan _abduhu wa Rasûluhu.»

Il est obligatoire de bien se frictionner le corps et de se dépêcher à terminer le lavage. Il n'est pas préférable de parler pendant qu'on fait ses ablutions.

On peut, après les ablutions, réciter les sourates «al- qadr » et « al-ihlâs » et certaines priéres, comme: « Allâhumma ij_al nî mina-t-tawâbîna wa-j-_alnî mina-l-mutatahirîna wa-_-firlî dunû innaka _alâ kulli _ay in qadîrun.... »

Baye Abdoulaye Sylla note dans son ouvrage Izâlu-l-jahli que: «...la barbe, qu'elle soit petite ou touffue, doit être bien lavée au moment des ablutions.»

Toujours selon les injonctions de Seydina Limamou LAHI (PSL) en lavant les pieds, il faut commencer par le gros orteil. Seydina Mame Alassane LAHI (quatrième Khalife Générale des layenes) a confirmé cette thèse renchérissant même, que parce que Mame Adama s'était appuyé sur ses gros orteils pour cueillir le fruit que Dieu lui avait interdit.

Seydina Limamou LAHI recommade à ses disciples d'être constamment en état de pureté en renouvelant toujours leurs ablutions, surtout avant de se coucher la nuit.

II–2–2–2. Grande ablution ou Sangu Dianaba.

Les causes nécessitant la grande ablution :

L'émission du sperme provoquée par la jouissance voluptueuse, pendant le sommeil ou en état d'éveil.

L'introduction du gland dans les parties génitales de la femme (même sans éjaculation).

A la fin de l'écoulement du sang menstruel et des lochies.

Celui qui se convertit à l'Islam.

Le musulman, à son décès doit être lavé.

Comment faire la grande ablution?

Au moment de débuter, formuler son intention: « Fasnaa yéené sangu janaaba ».

Dire: Bismi-l-Lâhi-r-Rahmâni-r-Rahîm. Fasnaa Yéné xubbaku (c'est à dire: enlever la souillure)

Se laver:

les deux mains jusqu'aux poignets (3 fois)

depuis le nombril en passant par le sexe, les cuisses jusqu'aux genoux (3 fois).

A nouveau les deux mains jusqu'aux poignets (3 fois).

Se rincer la bouche (3 fois) et puis

le nez (3 fois).

Laver toute la tête y compris les cheveux, les oreilles, le visage, le cou (3 fois),

à partir de l'épaule droite, l'aisselle jusqu'aux doigts des mains(3 fois).

En faire de même pour l'épaule gauche jusqu'aux doigts (3 fois)

Diviser le corps en quatre parties et laver:

le côté droit depuis l'épaule jusqu'aux orteils du pied (3 fois), puis procéder de la même façon pour le côté gauche (3 fois)

la partie avant du corps depuis le commencement du cou, y compris la poitrine, le ventre, le bassin, le sexe, jusqu'aux pieds (3 fois)

la partie arrière du corps depuis le commencement du cou, passant par le dos, les fesses, le creux entre les fesses jusqu'aux bas des talons (3 fois)

Après cette première partie dire ensuite:

«Bismi-l-Lâhi Rahmâni-r-Rahîm. Fasnaa Yéené Sangu janaaba te Yéené Waale si njappum julli» (Au nom d'ALLAH, le Clement, le Misericordieux. J'ai l'intention de faire le grand lavage en y adjoignant mes ablutions mineures).

Ensuite, on commence à réciter Fâtiha après Fâtiha, en lavant:

les mains (3 fois)

la bouche (3 fois)

le nez (3 fois)

le visage (3 fois)

les bras droit et gauche depuis les poignets jusqu'aux coudes (3 fois)

Essuyer la tête, les oreilles (3 fois)

le cou, parties avant et arrière (3 fois).

(Pour cette fois-ci, on ne lave pas les pieds.)

En ayant toujours soin de continuer à réciter la Fâtiha, on poursuit le lavage en divisant la tête et le reste du corps en deux. On commence à laver depuis la partie supérieure droite de la tête jusqu'au pied droit en relevant jusqu'au genou droit (voilà ce qui complète l'ablution). On procède de la même façon pour le côté gauche, c'est-à-dire, depuis la partie supérieure de la tête jusqu'au pied gauche en relevant le lavage jusqu'au genou gauche.

Ensuite laver depuis le milieu de la tête en descendant vers le côté avant du corps en passant par le visage, la poitrine jusqu'au nombril. Reprendre depuis le milieu de la tête en descendant vers le côté arrière du corps par la nuque aux épaules, au dos jusqu'aux reins.

Enfin on prend de l'eau dans le creux de sa main et on récite la formule: Bismi-l-Lâhi-r-Rahmâni-r -Rahîm qu'on souffle sur l'eau avant de la verser au milieu de la tête. On refait la même chose une deuxième fois. Et pour la troisième fois, on met de l'eau dans le creux de sa main droite et on dit:

"Bismi-l-Lâhi-r-Rahmâni-r-Rahîm. Al hamdu li-l-Lâhi Rabbi-l-_'âlamîn. Lâ illâha illa-l-Lâhu Muhammadu Rasûlu-l-Lâhi salla Lâhu _alayhi wa sallam. Allahuma salli _alâ Seydinâ Muhammadin wa sallim hasbiya-l-Lâhu. Allâhu akbar". On le souffle sur l'eau, ensuite on le verse, au milieu de la tête.

Puis, on pose les mains sur les tempes et on serre fort. Enfin, on pose l'une des mains sur le front, l'autre sur la nuque et on serre fort. Après quoi on reprend ses forces.

Notre Prophète Baye Laye (PSL) a dit: «Celui qui fait un tel lavage est propre et n'a plus de péché. C'est le lavage des Prophètes (PSE).»

Remarques:

Durant la deuxième partie du lavage jusqu'à la fin on récite Fâtiha après Fâtiha.

Baye Laye (PSL) recommande aux layènes de commencer par : «Bismi-l-Lâhi-r-Rahmâni-r-Rahîm,» et non par: «A_ûdu bi-l-Lâhi mina-_-_aytâni-r-Rajîm,» comme certains le font. Pour Baye Laye (PSL), il n'est pas logique de dire: «A_ûdu bi-l-Lâhi mina-_-_aytâni-r-Rajîm Bismi-l-Lâhi-r-Rahmâni-r-Rahîm.» Pour ce Saint Maître, le nom d'ALLAH ne doit pas figurer en deuxième position. Ce qui est logique c'est de se réfugier auprès du Seigneur afin qu'il te protège contre Satan. Ainsi, ce qu'il faut dire c'est : «Bismi-l-Lâhi-r-Rahmâni-r-Rahîm a_ûdu bi-l-Lâhi mina-_-_aytâni-r-Rajîm lâ hawla wa lâ quwwata illâ bi-l-Lâhi-l-_aliyi-l-_azîm.»

Seydina Limamou LAHI (PSL) tenait beaucoup aussi à la pureté de l'environnement à tel point qu'il interdisait de laisser les animaux domestiques telles que les poules traîner dans la cour des maisons, car celles-ci, de par les matières fécales, peuvent souiller le sol.

Il est dit dans le Saint Coran: «ALLAH pour vous, étendit la terre en tapis » . Et le prophète Muhammad (PSL) de renchérir: "ALLAH a fait de la terre une mosquée pour toute ma communauté," rapportée par Buhâri et Tirmîzi. Le Prophète a dit aussi: «Toute la terre est un lieu de culte."

III LA PRIERE

La prière est le deuxième pilier de l'Islam, une obligation divine que tout musulman doit accomplir. ALLAH l'a recommandée dans plusieurs versets du Saint Coran. IL dit: « La prière est une stricte obligation pour tous les croyants et elle doit se faire aux heures prescrites.» Seydina Limamou LAHI (PSL) dit dans ses sermons: «Fatiguez votre corps par la pratique de la prière et du jeûne. Je vous recommande la pratique régulière de la prière. La première chose sur laquelle on questionnera l'homme, le jour du jugement dernier, c'est l'accomplissement de la prière, ainsi que le respect de ses règles et conditions.»

Il recommande de faire du zikr avant la prière ; il s'agit d'entonner à haute voix : « lâhi laha illa -l-lâhu, lâhi laha illa -l-lâhu Sayyidunâ rasûlu-l- lâhi-lâhi lâha illa -l- lâhu » à plusieurs reprises et puis tu fais l'Iqâma.

L'Iqâma :

Pour faire l'Iqâma il faut dire:

Allâhu Akbar, Allâhu Akbar.

A_hadu an Lâ illâha illa-l-Lâhu

A_hadu anna Muhammadu -r -Rasûlu -l - Lâhi

Hayâla -s - Salâti

Hayâla -l - Falâhi

qad qâmati -s - Salâtu

Allâhu Akbar Allâhu Akbar

Lâ ilâha illa-l-Lâhu

Et l'imam continue "Muhammadu-r-Rasûlu –l- Lâhi salla – l- Lâhu _alayhi wa sallam. wahdahu lâ _arîka lahu lahu-l-mulku wa lahu-l-hamdu yuhyi wa yumîtu wa huwa 'alâ kulli, _ay'in qadîrun".

Ensuite il reformule son intention en précisant l'heure et la journée (on peut le faire en arabe, en wolof, comme dans toute autre langue). Par exemple: « maa ngi fas yéene julli waxtu sangam ci besub sangam» (J'ai l'intention de faire telle prière pour tel jour).

Remarques :

Seydina Limamou LAHI (PSL) recommande de faire précéder la nuit au jour pour ce qui est de la prière du Maghreb (timis) et celle de Ichâ (geewe). Exemple: «Maa ngi fas yeéne julli wahtu timis ci guddig Altine» (J'ai l'intention de faire la priere du maghreb dans la nuit du lundi) pendant qu'on est le dimanche soir (GMT).

Si on prie seul, on doit soi-même le dire.

Après avoir reformulé verbalement son intention, on fait son Kabbar. Le Saint Maître (PSL) recommande de tourner les paumes des mains vers le ciel, après quoi, on les soulève jusqu'à la hauteur du cœur en disant «Allâhu»; ensuite on retourne les mains vers le bas en disant «Akbar.»

Si tu pries derrière un imam tu dis «âmin» à voix basse au moment où il récite les versets coraniques. Cela est noté par Cheikh AbdouLahi Sylla dans son ouvrage intitulé Izâl al-Jahl et Cheikh Modou Mboup Khârikhou dans Tamrat al-Fu'âd.

Selon les différentes stations, Seydina Limamou LAHI (PSL) recommande de dire:

Génuflexions (Rukoo): «Amanâ bi-l-Lâhi wa Rasûlihi» (Nous croyons en ALLAH et en Son

Prophéte).

Retour du Rukoo: «Sami_a -l - Lâhu liman hamidahu» (ALLAH entend celui qui le loue); et celui qui prie derrière l'Imam répond: « Allâhumma Rabannâ wa laka-l- hamdu » (A Toi ALLAH, notre Seigneur, reviennent les louanges).

Si on prie seul on doit soi-même dire: «Sami_a-l-Lâhu liman hamidahu » et ensuite, "Allâhumma Rabanâ wa laka-l-hamdu. »

Prosternation (Soudiot): "Subhânaka innî âmantu bi -l - Lâhi wa Rusûlihi wa malâ' ikatihi wa kutubihi wa -l - yawmil âhiri" (Gloire à Toi, nous croyons en ALLAH à Ses prophètes, à Ses anges, à Ses livres et au jour dernier)

Entre deux prosternations: "âmanâ bi -l - Lâhi wa Rasûlihi."

Taaya ou tachahoude :

On récite le « Taaya » lorsqu'on est en position assis, les deuxième et quatrième « rakkas » :

« At-tahiyâtu li-l –Lâhi az- zakiyyâtu li -l - Lâhi at-tayyibâtu -s-salâwâtou li – l-Lâhi .

As-salâmou _alayka ayuhâ -n-Nabiyyu wa Rahmatu Lâhi wa barakâtuhu.

As-salâmu alaynâ wa _alâ ibâdi-l-Lâhi-s-sâlihîna.

A_hadu an lâ ilâha illa – l- Lâhu wahdahu lâ _arîka lahu wa a_hadu anna Muhammadan 'abduhu wa rasûluhu.»

Ensuite on se relève pour continuer sa prière si c'est une prière de plus de deux rakkas. Mais si c'est une prière de deux rakkas, on doit prolonger le taaya en ajoutant:

« Wa a_hadu anna ladî jâ'a bihi Muhammadun haqqun wa anna -l -Jannata haqqun wa anna -n - nâra haqqun wa anna-s-sâ _ata âtiyatun lâ rayba fîhâ wa anna -l-Lâha yabhatu man fil-l-qubûri. Allâhumma salli 'alâ Muhammad wa _alâ âli Muhammad kamâ salayta _alâ Ibrâhîm wa _alâ âli Ibrâhîm fil _âlamîna innaka hamîdun majîdun ». Après quoi on prononce le salut final (sëlmël).

C'est cette même formule (ci-dessus) qu'il faut ajouter si on fait une prière de plus de deux rakkas, quand on arrive à la dernière station assise.

Il faut dire impérativement après le salut final (sëlmël) de chaque prière:

« Bismi-l-Lâhi Rahmâni -r – Rahîm alhamdu li -l - Lâhi rabbi - l-_âlamîn Lâhi lâha illa lâhu Muhammadu -r -Rasûlu-l-Lahi salla – l - lâhu _alayhi wa sallam. Allâhumma salli _alâ Sayydinâ Muhammadin wa sallim, hasbiya -l - lâhu Allâhu Akbar» (à voix basse), et puis dire à haute voix:

1) « Lâ ilâha illa Lâhu Muhammadu Rasûlu-l-Lâhi salla – l - Lâhu _alayhi wa Sallam » (3 fois).

Ensuite si c'est une prière de groupe que tu diriges, tu tournes légèrement à droite en faisant profil à ceux qui sont derrière.

2) « Allâhumma Salli _alâ Sayyidinâ Muhammadin wa sallim (3 fois).

Bismi -l - lâhi Rahmâni -r – Rahîm.

Tabârakta wa ta 'alayta yâ daljalâli wal ikrâm nasrun mina - l - lâhi wa fathun qarîbun wa ba_iri -l - mûminîn. tabatna - l - Lâhu 'alâ jamâ'atil muslimîn tabatnâ - l - Lâhu bi -d - dîni wa -l - îmân.

tabtanâ Lâhu 'alâ tâ 'ati -l - Lâhi wa Rasûlihi

Allâhumma irfa' darajata -l - islâm wal îmân wahfiz darajahu 'alâ -l - kufâri wa -l - munâfiqîn

Allâhumma irfa'nâ 'alâ fawqi a'dâ inâ yâ Allâhou wahum tahta aqdâminâ.

Allâhumma najînâ ma'a -n - najîna, walâ tuhliknâ ma'a -l - hâlikîna, saffan sanâ wal mulku dâ'imu imâmal mursalîn.

Ensuite on peut continuer à formuler ses prières dans la langue qu'on veut après quoi on termine par la formule:

(Bihurmati) Lâ ilâha illa lâhu Muhammadu Rasûlihi -l -Lâhi salla -l - Lâhu 'âlayhi wa sallam. Allâhumma salli 'alâ Sayyidinâ Muhammadin wa sallim.

Réciter: Fâtiha 3 fois, Ihlâs 3 fois, Salâtu -l - Fâtiha 3 fois; formuler ses vœux au Créateur.

Après chaque prière obligatoire (Farata) il faut faire le Tassab. Baye Laye (PSL) a insisté sur l'importance du Tassab ou Fidaou. Il recommandait aux fidèles de s'en acquitter après toute prière obligatoire (Farata).

Pour le Tassab il faut prendre son chapelet et dire:

1- Bismi -l - lâhi - r - Rahmâni -r - Rahîm (100 fois)

2 - Alhamdu li -l -lâhi rabbil 'âlamîn (100 fois)

3 - Waladdâ lîna Âmin (100 fois)

4 - Âmîn (100 fois)

Il est recommandé de terminer le Tassab par la prière suivante:

« Inna -l - lâha wa Malâ ikatahu yusallûna 'alâ -n - nabiyyi, yâ ayyuha ladîna âmanu sallu 'alayhi wa sallama taslîman.

Salla-l-Lâhu 'alayhi wa 'alâ âlihi wa abî wa ummî wa zawjatî ['zawjî' pour les femmes], wa waladî wa zuryatî wa sallama taslîman.

Subhâna Rabbika Rabbi-l-'izzati 'ammâ yasifûna wa salâmun 'alâ – l - mursalîna wal hamdu li -l-Lâhi Rabbil

' âlamîn.

Allâhumma najînâ ma"a najîna wa lâ tuhliknâ ma"a -l- hâlikîna saffan sanâ wal mulku dâ' imu imâma -l - mursalîn.

Bihurmati lâ illâha illa -l - Lâhu Muhammadu Rasûlu -l - Lâhi salla -l - Lâhu 'alayhi wa sallam. Allâhumma salli 'alâ Sayyidinâ Muhammadin wa sallim.»

Remarque :

On peut adjoindre d'autres prières à celle là; mais dans tous les cas elles se terminent par la prononciation de la formule: « lâ ilâha illa-l-Lâhu Muhammadu-r-Rasûlu lâhi salla-l-Lâhu 'alayhi wa Sallam. Allâhumma salli 'alâ Sayyidinâ Muhammadin wa Sallim. »Les versets et sourates recommand_s aux heures de prières.

Fadjr :

1er Rakka : Fâtiha + Sourate 109 al- Kâfirûna (les incrédules)

2e Rakka : Fâtiha + Sourate 112 al- Ihlâs (le culte pur)

Sobh :

1er Rakka : Fâtiha + Sourate 91 a_-_ams (le soleil)

2e Rakka :Fâtiha + Sourate 93 ad- duhâ (le jour montant)

Zohr :

1er Rakka : Fâtiha + Sourate 93 Ad- duhâ (le jour montant).

2e Rakka : Fâtiha + Sourate 94 al- ‘a_ar (l'ouverture)

Asr :

1er Rakka : Fâtiha + Sourate 102 al-‘asr (le temps)

2e Rakka : Fâtiha + Sourate 108 al- Kawsar (l'abondance)

Maghreb :

1er Rakka : Fâtiha + Sourate 97 al- qadr (la nuit du destin)

2e Rakka : Fâtiha + Sourate 106 Quray_ (les Qoraïch)

Ichâ :

1er Rakka Fâtiha + Sourate 91 A_- _ams (le soleil)

2e Rakka Fâtiha + Sourate 93 Ad- duhâ (le jour montant)

Remarques:

Pour ce qui est de la sourate la nuit du destin, Cheikh Abdoulaye SYLLA a dit que Seydina Limamou LAHI (PSL), recommandait de dire « nazala-l-malâ’ikatu » au lieu de « tanazalu -l -malâ’ ikatu », dans son ouvrage, Izâlu -l -Jahl écrit en 1911. Serigne Libasse SALL l'a confirmé car d'après lui beaucoup de compagnons de Seydina Limamou LAHI (PSL) disaient effectivement nazala – l – malâ'ikatu.....

En grammaire arabe nazala exprime l'accompli, une action qui s'est déja déroulée alors que tanazalu exprime l'inaccompli.

Il ne s'agit pas d'un réctificatif au Saint Coran mais du rétablissement de la lecture correcte telle que l'ange Gabriel l'avait transmis au Prophéte Muhammad (PSL).

Il n'est pas interdit de réciter d'autres versets si on ne maîtrise pas ceux-ci, de même que si on les connaît. Toutefois Seydina Limamou LAHI (PSL) en faisait toujours usage, lui qui connaît Dieu plus que quiconque et qui bénéficie de plus d'égard envers lui.

Chafa et Witr :

Chafa:

1er Rakka: Fâtiha + al- kâfirûn +An- Nasru.

2 Rakka: Fâtiha + al- masad + Ihlâs.

Witr:

Fâtiha + Ihlâs + FaLahi + Nâsi + wa ilâhukum ilâhun wâhid lâ ilâha illâ huwa - r - Rahmânu -r - Rahîm (Sourate 2,Verset 163) + Allâhu lâ ilâha illâ huwa -l - hayyul qayyum lâ ta' huduhu sinatun walâ nawmun lahu mâ fî - s - samâwâti wa mâ fi -l - ardi man dâ - l - ladi ya_fahu 'indahu illâ bi idnihi ya' lamu mâ bayna aydîhim wamâ halfahum walâ yuhitûna bi _ay'in min 'ilmihî ilâ bimâ _â a wasi'a Kursiyuhu samâwâti wal ard walâ ya'ûduhû hifzuhumâ wa huwa -l - 'aliyu -l - 'azîm (S2,V255) + Lâ ikrâha fi - d - dîni qad tabayyana -r - ru_d mina -l - _ayyi faman yakfur bi -t - tâ_ûti wa yûminu bi -l- Lâhi faqad istamsaka bi -l –' urwati -l - wutqâ lâ infisâma lahâ wa huwa samî 'un 'alîmun (S2,V256) + quli - l - Allahûmma Mâlika -l - mulki tu' ti -l - mulka man ta_â'u wa tanzi' ul mulka miman ta_â' u wa tu'izzu man ta_â'u wa tuzillu man ta_â'u bi yadikal hayri innaka 'alâ kulli _ay'in qadîrun (S3,V26) Tûliju -l - layla fî -n - nahâri wa tu' liju -n - nahâra fi -l - layli wa tuhriju -l- hayya mina - l- mayyiti wa tuhriju -l -mayyita mina-l-hayyi wa tarzuqu man ta_â'u bihayri hisâb (S3,V27) + Da' wâhum subhânaka Allâhumma wa -t -tahiyyâtuhum fîhâ salâm wa' âhiru da' wâhum 'ani -l - hamdu li -l - Lâhi Rabbil 'âlamîn (S10,V10).

Seydina Limamou LAHI (PSL) recommande de dire:

En entrant dans une mosquée: " Bismi -l - Lâhi, wa - s - salâtu wa -s -salâm 'alâ -r -Rasûli -l - Lâhi, salla -l - Lâhu 'alayhi wa -s - sallam, wa -s - salâmun 'alâ -l- malâ ikati -l - Lâhi, lâ hawla wa lâ quwwata illâ bi -l -Lâhi -l -'aliyi -l - 'azîm."

E En sortant d'une mosquée: " Bismi -l - Lâhi wa -s - salâtu wa -s - sallâm 'alâ Rasûli -l - Lâhi, salla

-l - Lâhu 'alayhi wa -s - sallam Allâhahumma i_firlî dunûbî Wa iftahlî abwâba rahmati bi -r - rahmatika yâ arhama -r - râhimîn".

Heures de Prière :

Abu Hureyra pour répondre à Abdallah Ibn Rafi à propos des heures de prière lui dit:

Accomplis la prière du Zohr quand ton ombre est égale à ta longueur.

Celle du Asr quand, celle- ci fait ta longueur deux fois.

Celle du Maghreb quand le soleil disparaît entièrement.

Celle de Icha quand la nuit passe au tiers et celle du matin, au gris du petit matin.

Quelques témoignages à propos des heures de prière:

Nous avons recueilli des témoignages à propos des heures de prière auprès des personnes réputées de par leur sagesse mais aussi, leurs connaissances et leur imprégnation des enseignements de Seydina Limamou LAHI Al Mahdi et de Seydina Issa Rohou LAHI (PSE), mais aussi qui ont vécu avec des compagnons de Seydina Limamou LAHI (PSL).

Seydina Issa Wade de Cambérène nous a raconté qu'un jour en présence de son père Imam Mamadou Wade, Seydina Issa Rouhou LAHI (PSL) disait « Bu leen xawtu waxtu wi ndax li sama baay wax leer na: fajar naññ, timis kukk » ; c'est à dire, « ne vous empressez pas à prier avant l'heure », car comme on le sait, le mot wolof « xawtu » veut dire, cueillir un fruit alors qu'il n'est pas encore mûr. La prière du matin c'est-à-dire, celle du sobh et communément appelée fajar chez les wolofs, se caractérise par la clarté du jour et celle du maghreb par l'obscurité qui est le début de la nuit. D'après l'enseignement de Seydina Limamou LAHI Al Mahdi (PSL), si tu pries le maghreb (timiss), en formulant ton intention, tu dis: « j'ai l'intention de faire la prière de tel jour » et tu cites le jour qui débutera à minuit d'après l'heure de Greenwich, car la nuit précède le jour ; c'est ainsi que toutes les fois que le Coran a cité la nuit et le jour dans son énumération, il a fait précéder la nuit avant le jour. D'après Seydina Issa Wade, Seydina Issa Rohou Lahi (PSL) a dit qu'il faut ajouter trente minutes à l'heure de prière des non-Layènes. Pour le Zohr et le Asr, Seydina Issa Rohou Lahi (PSL) a ajouté qu'il faut patienter au moins une heure après la prière des non-Layènes, avant de prier.

Confirmant cette thèse, l'Imam actuel de Cambérène en l'occurrence Libasse wade nous a dit qu'aux temps où son père dirigeait la mosquée, il respectait scrupuleusement ces recommandations (fajar naññ, timis kukk) et c'est ce qu'il voyait faire ceux qui étaient de la même génération que son père. Il nous a dit que quand il travaillait au Golf (situé à Guédiawaye), il descendait à 18 Heures, marchait jusqu'à Cambérène pour ensuite prier le Asr à la mosquée de Cambérène derrière son père. Cette distance pouvait être parcourue en trente minutes environ.

Nous avons appris que Seydina Issa Laye, 3e khalife de Seydina Limamou LAHI (PSL) disait aux muezzins de Yoff de ne lancer l'appel à la prière du maghreb qu'après qu'il ait allumé la lampe de sa cour.

Serigne Libasse SALL, El hadji Issa SECK, Imam de la mosquée de Dakar, Oustaz Magoum Keur Diongue, le Professeur Assane SYLLA, Cheikh Tidiane SECK, Ablaye NDOYE Cambérène qui fut conservateur de Ndingueleu ont tous confirmé cette thèse du décalage des heures de prière par Seydina Limamou LAHI (PSL) et c'est ce qui était appliqué durant le califat de Seydina Issa Rohou LAHI (PSL).

Serigne Libasse SALL qui est très connu pour son engagement à la préservation des enseignements de Seydina Limamou LAHI (PSL) nous a dit qu'il a eu la chance de grandir dans une maison qui était mitoyenne à la mosquée de Gouye Mariama Layène de Dakar. Beaucoup de compagnons de Seydina Limamou LAHI (PSL) fréquentaient cette mosquée et élisaient leur maison comme lieu de rassemblement car son père (Mame Mody Thiané) était aussi l'un des grands compagnons de Seydina Limamou LAHI Al Mahdi (PSL). Il nous a dit tenir de Seydina Issa Rouhou LAHI (PSL) les mêmes propos avancés par Seydina Issa WADE et cela confirmait les heures de prières des compagnons de Seydina Limamou LAHI (PSL). C'est ainsi qu'un jour, après avoir prié le Asr avec Baye Mamour Diakhaté, quelques minutes avant la prière du maghreb des non layènes, ce dernier qui était un des grands compagnons de Seydina Limamou et de Seydina Issa Rouhou LAHI (PSE) lui dit: « j'ai une fois prié avec Seydina Issa Rouhou LAHI (PSL) à cette même heure et il m'a dit: celui qui prie Asr à cette heure, tous ses péchés sont pardonnés ». Il a dit aussi recueillir des compagnons de Seydina Limamou LAHI (PSL) que celui-ci disait: « xamuma julli takusaan di ñaq » C'est-à-dire: « je ne transpire pas au moment d'accomplir ma prière de Asr ».

Dans ses prêches, il cite l'ouvrage Risâla, qui selon lui confirme la thèse Layène à propos des heures de prière. Pour ce qui est d'Asr, il est dit dans ce livre de jurisprudence islamique qu'à son heure, tu dois te diriger à l'Ouest, au couchant, et que si tu aperçois le soleil sans lever ta tête, ni la baisser, l'heure du Asr est au moment le plus indiqué.

A propos du maghreb, le Saint Maître disait aussi « mag sàngu na waaye nelawul », afin de nous éclairer sur le vrai sens de la notion de coucher du Soleil.

Interrogeant El Hadji Birahime BASSE, Président de la Fondation Seydina Issa Rohou LAHI (PSL) sur le même sujet, celui-ci nous livra son expérience: « en 1951, j'habitais Tilène près du marché, mais quand je quittai ma maison le matin, à l'heure où les non layénes priaient le Sobh et je marchais jusqu'à la Medina à la mosquée de Gouye Mariama Layéne pour faire du zikr et ensuite prier avec les layénes et c'était de même pour la prière du magrheb. Et pour ce qui est du Asr, je ne me suis jamais rappeler prier à la mosquée Layène à cette époque avant 18 heures».

La liste des témoignages pouvait bien s'allonger mais nous allons nous contenter de ceux-là.

Les prières surèrogatoires :

1 -Yoor- yoor: Duhâ (n'importe quel jour, si possible même tous les jours environ entre 9h et 11h)

Cette prière est fortement recommandée par Seydina Limamou LAHI (PSL) vu les mérites qu'elle renferme.

1er Rakka

7 Fâtiha + 1 Kursiyyu

2è Rakka

1 Fâtiha + 35 Ihlâs.

Après le salut final (seulmeul et Sant), prononcer à l'aide de son chapelet:

1027 Bismi -l -Lâhi -r -Rahmâni -r - Rahîm

1027 Salâtu 'alâ -n - Nabi (Prière sur le Prophète).

2 –Yoor- yoor: Duhâ (jour de vendredi)

Recommandé en cas d'empêchement pour aller à la mosquée. Elle s'exécute environ entre 9h et 11h du matin.

Cette prière comprend deux rakkas dont 12 Fâtiha chacune.

3 -Nafila mois de Ramadan (2 Rakkas)

Ce sont des pratiques méritoires d'ordre traditionnel, très recommandées pendant le mois de

Ramadan.

Cette prière comprend deux rakkas, elle s'exècute après celle de Ichâ.

Durant les 15 premiers jours (Fâtiha +30 Ihlâs pour chaque Rakka).

Durant les 15 derniers jours (Fâtiha +15 Ihlâs pour chaque Rakka).

LES PAROLES DE SEYDINA LIMAMOU LAYE

Au nom de Dieu, le Clément et le Miséricordieux.

Louanges à Dieu qui nous jugera et ne sera point jugé. Qu'il répande ses faveurs et la Paix sur le noble Envoyé, l'élu, Seydina Muhammad, que Dieu augmente pour lui sa bénédiction et sa sécurité.

Moi Limamou Lahi, j'adresse à vous, mes amis et mes intimes, mes salutations et implore pour vous et vos familles la grâce de Dieu et sa bénédiction.

Je vous salue et vous demande comment vont vos affaires, vos familles, vos voisins, comment prospèrent vos puits, vos champs, vos vêtements, vos ustensiles, votre eau, etc. Je vous demande aussi comment marche la surveillance que vous devez exercer sur vos femmes, vos enfants, vos serviteurs et vos biens, pour les empêcher de commettre une faute, une injustice ou de porter préjudice à autrui ? Comment les exhortez-vous à apprendre les commandements de Dieu, à éviter ses interdits et à s'intéresser aux oeuvres religieuses ? Et comment subvenez-vous à leurs besoins alimentaires et vestimentaires, au logement et aux autres besoins ? Et comment les traitez-vous, avec douceur et avec indulgence lorsqu'ils tombent dans certaines défaillances.

L'Envoyé de Dieu (bénédiction de Dieu et Paix sur lui) a dit : » tout homme qui se montre patient et indulgent à l'égard du mauvais caractère de sa femme recevra de Dieu la récompense qu'il réservera au Prophète Ayoba » (Paix sur lui), après l'épreuve de sa maladie. Ayoba était si malade que les vers le déplaçaient d'un endroit à l'autre et se nourrissaient de sa chair et de son sang, et cela pendant dix-huit ans. Puis, finalement, Dieu le ramena à la Paix, à la bonne santé et le revêtit de vêtements superbes de satin et de soie, le couronna d'une couronne d'or. C'est après la guérison de la maladie que Dieu le Très Haut lui accorda tout cela, d'un seul coup, grâce à sa puissance.

De même, toute femme qui supporte avec patience le mauvais caractère de son mari recevra de Dieu la récompense qu'il a donnée à Rahmata, épouse de Ayoba (Paix sur lui). Rahmata est celle qui avait supporté patiemment toute la durée de l'épreuve subie par Ayoba, après que celui-ci fut abandonné par ses autres épouses. Elle portait Ayoba sur son dos, comme on porte son enfant, et le transportait dans les villes et dans les campagnes. Elle louait ses services et nourrissait

Ayoba avec son salaire, pendant toute la durée de sa maladie. Elle n'a jamais cessé d'être patiente, d'être volontaire et d'espérer en Dieu pour son mari, jusqu'au moment où Dieu guérit la maladie de son mari et le ramena à son ancienne prospérité. Ce changement est intervenu en l'absence de son épouse qui était allée en ville louer ses services pour gagner de quoi nourrir Ayoba. Quand elle revint, elle trouva celui-ci dans l'honneur et l'opulence avec sa couronne d'or et ses vêtements de soie. Elle ne le reconnut pas. Elle lui dit : « n'avez-vous pas vu ici un homme accablé d'épreuves ? » Il lui répondit : « quel est le lien, qui vous unit à celui que vous cherchez ? » « C'est mon mari », répondit-elle. « Ne me reconnais-tu pas », lui dit Ayoba. « Je soupçonne bien que c'est toi », lui dit sa femme. « C'est bien moi », lui dit Ayoba, « Dieu par sa puissance et sa volonté m'a ramené à la bonne santé ».

Sachez, ô vous, femmes du peuple de Muhammad, que celles parmi vous qui supporterez avec patience leur mari recevront de Dieu la récompense qu'il attribua à Rahmata, épouse de Ayoba (Paix sur lui).

Nous louons Dieu, Souverain de toutes les créatures pour ses actes.

Dieu a dit dans son saint Livre : « les persévérants recevront une récompense qui ne sera point mesurée » (Coran, chapitre 39, verset 13).

Je vous fais savoir que je m'adresse à vous pour vous rendre visite, à la manière de la visite que le guide rend à son disciple. Si le disciple passe la nuit à un endroit, sur l'ordre de son maître, celui-ci doit, le matin, aller lui rendre visite pour savoir comment il a passé la nuit et comment il s'est réveillé ; puis il lui indique ce qu'il doit faire durant la journée, les limites de son travail et l'endroit où il doit passer la journée en lui faisant connaître les bonnes actions et lui interdisant les mauvaises.

Je vous rends donc visite, autant que doit le faire le berger qui veille sur ce qu'il garde. En effet, le berger qui a attaché les animaux dans l'étable et qui est allé passer la nuit ailleurs doit, le matin, aller leur rendre visite pour voir s'ils ne se sont pas détachés.

Je vous rends visite (Il semble que l'expression arabe « asura kum : je vous rends visite » a dans ce sermon le sens de « je vous avertis à propos de », « j'attire votre attention sur » ou « je vous rappelle ... » ou « je vous invite à méditer ».) à propos de vos champs de ce bas inonde et de ceux de l'autre monde. De ceux qui concernent votre vie et de ceux qui concernent votre mort. J'observe comment vous vivez, comment vous vous comportez vis-à-vis des soucis de ce bas monde, de ses peines, de vos projets et comment vous favorisez l'observance des commandements de Dieu, comment la propreté (par les ablutions et lavages rituels), la Prière, le jeûne. J'observe comment, en ce bas monde, vous vous purifiez par l'abondance de l'évocation du souvenir de Dieu, à toute heure. Par l'abondance de la lecture du Coran, par l'abondance de la formulation de la Prière pour le Prophète (Salat à la Nabi). Par la fréquence des bons conseils que vous donnez pour faire le Bien et éviter le Mal et par la fréquence de vos méditations sur les merveilles réalisées par Dieu comme la création des Cieux, de la Terre, des montagnes, des végétaux, des mers, des fleuves et d'autres choses.

J'observe vos prières et les conditions dans lesquelles vous les pratiquez, comme la rapidité à répondre à l'appel (du muezzin) pour vous rendre à la mosquée,comme ce que vous dites devant la porte de la mosquée. Comme la manière de vous tenir debout dans les alignements, comme la manière de débuter la Prière par la prononciation de la grandeur de Dieu, comme l'humilité de votre comportement, comme la bonne exécution des génuflexions, des prosternations, des retours de la station debout, des positions assises, des récitations, de toutes les phases de la Prière, de la salutation finale. Et puis j'observe comment vous évoquez le souvenir de Dieu, comment vous priez pour le Prophète (bénédiction de Dieu et Paix sur lui), comment vous implorez votre Seigneur, comment s'adressant à Lui vous vous faites humbles, et comment est votre patience dans l'attente de son aide.

Sachez que toutes les bonnes oeuvres se trouvent réunies dans la Prière, car la Prière constitue le pilier de la religion. Celui qui la valorise honore la religion. Celui qui la dévalorise, déconsidère la religion. Dieu le Très Haut a dit : « la Prière préserve des turpitudes et des mauvaises actions » (Coran, chapitre 29, verset 45).

Je vous rends visite aussi, à propos, de vos langues, de leurs paroles et de leurs silences et à propos de vos yeux, de leur regard et de leur refus de regarder car Dieu le Très Haut a dit à l'illustre Envoyé dans son saint livre « ô noble Prophète, commande aux croyants de baisser leurs regards et de protéger leur chasteté (Coran, chapitre. 24, verset 30)... dis aussi aux femmes qui croient de baisser leurs regards, de protéger leur chasteté, et de ne laisser voir de leurs parures que ce qui est à l'extérieur, De rabattre leur voile sur leur poitrine et de ne montrer leurs parures qu'à leur mari, ou à leur père ou au père de leur mari... » (Coran, chapitre 24, verset 31).

Je vous rends visite aussi à propos de vos déplacements, et de vos repos, je vous recommande de ne vous déplacer que vers un but louable et de vous abstenir de sortir lorsque cela permet d'éviter un Mal. Soyez des promoteurs de la bonne entente et non des destructeurs (des bonnes relations). Observez vos propres défauts plutôt que d'observer ceux des autres. Celui qui cherche à dévoiler les vices des autres risque de voir les siens étalés au grand jour.

Je vous rends visite, aussi à propos de toutes les parties de votre corps et sur vos actes. Rendez vos actes aussi beaux que possibles, plutôt que de les avilir. Si vous pensez que moi, je ne connais pas, je ne vois pas (ce que vous faites) et ne suis pas proche (de vous), sachez que Dieu le Souverain est connaissant, voyant et proche, et Il paiera à chaque âme ce qu'elle a accompli.

Que celui qui, demain, récoltera du bonheur rende grâce à Dieu de ses faveurs et, de sa bonté. Par contre, celui qui récoltera des malheurs ne devra s'en prendre qu'à lui-même.

Je vous invite aussi à méditer ces moments de maladie, où, couchés, vous vous tordez, de souffrance, pour ensuite délirer, être saisi d'angoisse, avec un corps chaud ou froids; ces moments où la guérison demeure votre unique souhait.

Je vous invite à méditer sur l'instant de l'extraction de l'âme (du corps); elle se retire du corps à partir des doigts de la main et monte jusqu'au cou, les yeux se tournent alors vers le haut, les mains se crispent, la soif vous saisit, le corps perd sa force., la voix s'affaiblit, le regard devient plus intense ; l'âme ayant dépassé la poitrine, celle-ci ronfle, les pieds deviennent froids, (méditez) l'arrivée de l'ange de la mort, la peur qu'il inspire à ceux qui seront damnés, son regard, sa grande taille, la rougeur de ses deux yeux, la longueur de la lance qu'il tient, ses assistants qui l'accompagnent ; ils sont grands et très puissants.

Je vous invite à méditer ces instants, autant que celui qui aime peut inviter celui qu'il aime à le faire. J'observe comment sort votre âme, je vous observe au moment où on vous lave le corps, j'observe la manière de vous soulever, de vous retirer de votre lit de mort par quatre ou six personnes. Votre corps sera plié, déplié, assoupli et posé sur le lieu du bain final, tandis que vous demeurez inanimé.

Je vous invite à penser à l'entrée dans la tombe, à l'instant où l'on vous couche au bord du fossé, à la pose des planches, à l'instant où l'on dénoue les liens (qui maintenaient) vos habits mortuaires, à l'arrangement des planches et de la paille posée sur elles, à l'entassement du sable sur la tombe et au retour de ceux qui accompagnaient le défunt. Ce dernier demeure, alors, seul dans sa tombe avec la somme de ses oeuvres. S'il s'agissait de bonnes oeuvres, il devient heureux et joyeux et constate alors la véracité des paroles de l'Envoyé de Dieu en ce qu'il avait dit : « le repos des pieux c'est la mort ». S'il s'agissait de mauvaises oeuvres, la tristesse, l'angoisse, le saisissent, il pleure, car ses oeuvres constituent pour lui un supplice qui le torture jusqu'au jour de la résurrection.

Je vous invite aussi à méditer l'interrogation des deux anges dont les noms sont Mounkar et Nakir. Tous deux sont énormes, ils sont noirs, leurs yeux sont grands et logés dans une seule orbite. Chacun d'eux possède une massue si lourde que les hommes et les djinns réunis ne pourraient la remuer. Or cette massue est dans la main de chacun d'eux plus légère qu'une plume d'oiseau. Et je jure par Dieu que ces anges ne sont cléments qu'à l'égard de celui qui bénéficie de la Clémence de Dieu, par l'intercession de la sainteté de l'Envoyé (bénédiction et Paix sur lui). Ces anges font asseoir le mort, l'interrogent sur l'Unicité de Dieu et la véracité de la Mission de l'Envoyé de Dieu, Muhammad. Si sa réponse est : « j'atteste qu'il n'y a pas d'autre Dieu qui mérite un culte en toute vérité que le Dieu unique qui n'a point d'associé et j'atteste que, Muhammad est son serviteur et son Envoyé », si telle est sa réponse, ils le mettent à l'aise, lui facilitent les choses, se montrent accueillants à son égard, le respectent, l'honorent et l'aiment. Puis ils s'en retournent et le mort demeure dans les faveurs accordées par Dieu jusqu'au jour du jugement dernier. Si par contre, il n'atteste pas l'unicité de Dieu et la véracité de la mission de Muhammad, et se trouve envahi par la peur, l'aveuglement et la consternation, ils lui font subir un supplice violent, ils le battent avec une telle intensité que le lait qu'il avait tété du sein de sa mère sort de lui. Ils l'abandonnent ensuite dans de violentes tortures qui durent jusqu'au jour de la résurrection.

Je vous invite à penser au jour de la résurrection, à l'instant où vous secouez le sable qui tombe de votre tête, au moment où, l'on conduira les hommes vers l'endroit où ils se tiendront debout. Certains d'entre eux seront battus, d'autres seront transpercés, d'autres ligotés, d'autres verront leur poitrine transpercée de part en part avec leurs propres mains, d'autres seront rendus aveugles, d'autres rendus muets, d'autres rendus sourds, certains seront atteints d'éléphantiasis, d'autres seront rendus lépreux, d'autres seront ivres au point de ne pouvoir se tenir debout, d'autres seront torturés. Ce jour est un jour terrible. Nul ne souciera de personne, chacun sera suffisamment préoccupé par ses propres affaires sauf le noble Envoyé Muhammad (bénédiction de Dieu et Paix sur lui).

Je vous rappelle votre marche vers le lieu du rassemblement. Ce jour sera terrible, obscur et long. C'est le jour de l'inquiétude. C'est le jour des regrets, le jour de la soif, de l'infamie, de la honte, de la faillite, le jour des pleurs, le jour des tentatives de tromperie, le jour des rencontres et des séparations aussi. C'est le jour où seront dévoilés les vices : ce jour, les hommes seront appelés à se ranger derrière leur tête de file. Chacun se rangera derrière celui qu'il suivait dans ce monde, et en qui il croyait. C'est en ce jour qu'apparaîtra la supériorité du meilleur des créatures, Muhammad, de ses saints et de son peuple.

Je vous rappelle le jour de la longue station debout, et l'instant de la pose de la balance ; celui dont les bienfaits pèseront lourd sera parmi les bienheureux, il sera sauvé et sera envahi par une grande joie. Celui dont les méfaits pèseront lourd sera parmi les damnés, sera couvert de honte, tombera dans la faillite, l'aveuglement, car Dieu le Très Haut a dit : » ceux dont les bienfaits seront lourds seront les bienheureux, ceux dont les bienfaits seront légers sont ceux qui auront perdu eux-mêmes » (Coran, chapitre 7, versets 8 et 9).

Je vous rappelle aussi le vol des livres lancés vers leurs destinataires. Celui dont le livre lui parvient par son côté droit sera parmi les bienheureux, sera joyeux et sera sauvé ; celui dont le livre descend par son côté gauche aura le visage crispé de tristesse et pleurera. Chaque livre contient des oeuvres de son propriétaire. Notre Seigneur ne fera tort à personne ; et en cet endroit nul ne pourra faire tort à personne.

Je vous rappelle aussi Sirât qui est tendu au-dessus de la Géhenne dont le feu sera allumé, elle brûlera, lancera des fumées, s'étirera avec force, sera furieuse contre celui qui aura désobéi à notre Seigneur et s'empressera de le torturer, car Dieu le Très Haut a dit : « la Géhenne brûlera avec force, peu s'en faut que de rage elle n'éclate » pas (Coran, chapitre 67, versets 7 et 8).

Je jure par Dieu que quiconque descendra sur Sirât sera précipité dans la Géhenne, or à l'intérieur de ce feu se trouvent des serpents, des scorpions, des recoins et des supplices innombrables, qu'on ne peut retenir par coeur.

On a beau vous énumérer les supplices de la Géhenne, il en restera toujours d'autres qu'ignore celui qui n'y est pas entré. Que Dieu nous en préserve. Sirât est un pont tendu au-dessus de la Géhenne. Il est plus mince qu'un cheveu, plus tranchant qu'un sabre, plus chaud qu'une braise et plus mobile qu'un serpent. Sa longueur correspond à trois mille ans de marche. Or nul n'entre au Paradis sans franchir Sirât.

Je vous rappelle votre arrivée devant le lac de l'Envoyé de Dieu. Celui qui boira l'eau de ce lac n'aura plus jamais soif. Celui qui avait troqué la saine pratique de la religion contre des innovations ou contre la magie ou contre, autre chose ne boira pas l'eau de ce lac.

Si vous désirez le salut, purifiez votre culte voué à Dieu, pour l'amour de Dieu et de son Envoyé. Demeurez constants dans ces pratiques pures même si elles sont assez réduites. Ne mêlez pas, à vos pratiques religieuses, le mensonge, l'escroquerie, la débauche, l'innovation, la magie, serait-elle une magie par l'écriture. Ne déviez pas vers les gens qui s'adonnent à ces choses, car vous seriez demain déchus et perdants.

Je vous rappelle aussi votre arrivée devant la porte du Paradis, le repos qui sera désormais le vôtre. La rapidité avec laquelle boissons et aliments vous seront servis, la disparition de toutes les sensations de fatigue, après que vous aurez mangé le foie de Bakhemaute, ainsi que la disparition de tout mal, des soucis, des sentiments de haine, d'hostilité et de jalousie. Il ne restera plus dans les coeurs que l'amour, le bonheur et la joie. Je vous rappelle aussi votre où l'on est comblé de faveurs ou séjour à l'intérieur du Paradis, la demeure existe de superbes maisons et des commodités.

Je vous rappelle votre rencontre avec vos épouses, avec les filles et femmes du paradis, votre entrée dans les palais, et dans les lits élevés.

C'est là que tout besoin sera satisfait.

Sachez que je suis votre ami, je ne vous quitterai pas jusqu'à votre entrée dans le Paradis.

Après y avoir passé un long séjour, vous m'oublierez et vous oublierez Dieu.

Que Dieu vous fasse bénéficier de sa miséricorde. Que Dieu assure votre sécurité. Dieu fasse que vous soyez droits.

Bénédiction de Dieu et Paix sur Muhammad, sur ses proches et ses compagnons

LES PAROLES DE SEYDINA LIMAMOU LAYE

Louanges à Dieu qui créa les créatures et mit parmi les hommes ses Envoyés, et qui, parmi ceux -ci, choisit Mohammed et le rendit supérieur à tous les Envoyés ; il est le meilleur des créatures. Et, de même, Dieu a fait de son peuple le meilleur des peuples. Que Dieu répande sur lui, sur sa famille et ses compagnons ses faveurs et la Paix.

Ce message est adressé par Limamou Laye à tous ses adeptes et à tous les musulmans, hommes et femmes, adultes et jeunes. Que la Paix soit avec vous et vos familles, ainsi que la miséricorde divine. Je vous salue et vous demande comment vont les affaires, comment vous portez-vous, comment va la maison, vivez-vous en Paix ?

Je vous recommande de multiplier vos efforts pour obéir davantage à Dieu et à son Envoyé et pour raffermir votre foi. Ne faites, les uns pour les autres que du Bien. Aimez-vous les uns les autres. La religion, c'est la disponibilité généreuse, c'est-à-dire la disponibilité à l'égard de Dieu, de son Envoyé, de son Livre, des chefs religieux et de tous les musulmans.

Etre disponible à l'égard de Dieu, c'est reconnaître son unicité, exécuter ses commandements, s'éloigner de ce qu'il interdit et conseiller aux hommes d'agir dans le même sens.

Etre disponible à l'égard de son Envoyé, c'est croire en sa Mission, l'attester, suivre ses commandements, abandonner ce qu'il interdit et pratiquer sa tradition.

Etre disponible à l'égard du Livre (le Coran) c'est le lire et le relire souvent, et pratiquer ce qu'il prescrit

Etre disponible, à l'égard des chefs religieux, c'est les aimer, suivre leurs conseils, les aider dans les activités qui concernent la religion, et conseiller aux hommes d'adopter la même attitude à leur égard.

Etre disponible vis-à-vis de tous les musulmans, c'est les aimer tous, car comme l'a dit l'Envoyé de Dieu (que Dieu répande sur lui sa bénédiction et la Paix) : » le Croyant doit aimer tous les Croyants et ne doit en haïr aucun » et comme il l'a encore dit : » le vrai Croyant doit vouloir pour son frère Croyant, ce qu'il veut pour lui-même ». L'Envoyé de Dieu (que Dieu répande sur lui sa bénédiction et la Paix) a dit : » ne vous haïssez pas les uns les autres, déconseillez le Mal, tissez entre vous de bonnes relations ».

Je vous recommande de renforcer vos relations par l'Amour car les habitants du paradis s'aiment Écartez l'inimité et la haine, car vous êtes des frères. Sachez que le Croyant a pour frère le Croyant. Comme Dieu le Très Haut l'a dit : » les Croyants sont tous des frères, arrangez donc les différends de vos frères et craignez Dieu afin qu'il ait pitié de vous » (Coran, chapitre 49, verset 10.). Sachez ô vous Croyants que le Croyant doit rester uni aux Croyants, lesquels s'unissent à lui. Celui qui ne le fait pas ne reçoit pas l'aide de Dieu.

Ne cherchez pas à vous surpasser les uns les autres dans l'acquisition des richesses de ce bas monde. Cherchez plutôt la concurrence dans l'obtention des richesses de l'autre monde. C'est ça qui procure la fortune éternelle et des honneurs élevés. Ne soyez pas avides des biens de ce bas monde, car ce monde-ci est (comme) un cadavre (impropre à la consommation). Seuls les chiens et les vautours mangent un tel cadavre. Détachez-vous donc de ce bas monde ne le suivez pas, car c'est une demeure qui va vieillir et disparaître. Or sa disparition est proche.

Méfiez-vous des ouï-dire et des « on a dit que... », car bien souvent ce qu'on raconte et ce qu'on entend ne correspond pas à la réalité. Ne nourrissez à l'égard de vos frères que de bons soupçons. Évitez les mauvais soupçons. Dieu est à l'affût des soupçons de ses serviteurs.

Ne négligez pas d'évoquer le souvenir de Dieu partout où vous vous trouvez. Le rappel du souvenir de Dieu diminue les mauvaises actions et multiplie les bonnes. Or celui qui totalise beaucoup de bonnes actions et peu de mauvaises aura pour demeure le paradis, s'il plaît à Dieu. Dieu le Très Haut a dit : « pensez à Dieu que vous soyez debout, assis ou couchés » (Coran, chapitre 4, verset 103.)

Méditez sur les prodiges de Dieu, , comme la création des Cieux et de la Terre. Dieu a ordonné que l'on multiplie son souvenir, car Lui le Très Haut a dit : « répétez souvent le nom de Dieu et célébrez-le matin et soir » (Coran, chapitre 33, verset 41).

Pensez à Dieu, à tous les endroits, car ces lieux porteront témoignage en votre faveur le jour du jugement dernier.

Ne consommez et ne buvez que ce que vous avez honnêtement acquis, ne montez que sur ce qui est honnêtement acquis, ne portez que des vêtements honnêtement acquis. N'utilisez, sur l'ensemble de tout ce qui peut vous servir, que des choses proprement acquises.

Ce qui est proprement acquis, c'est ce que vous avez gagné honnêtement. Le Bien mal acquis sera la première chose que l'on déchirera du ventre de l'homme, le jour du jugement dernier. Un Bien mal acquis peut gâcher une grande richesse, comme une cuillerée de sang peut souiller une calebassée de lait.

C'est de cette manière qu'un petit Bien mal acquis peut gâcher une grande richesse honnêtement gagnée. Le signe de la déchéance chez l'homme, c'est le fait de s'approprier tout ce qu'on a envie de posséder, sans se soucier de la manière honnête ou malhonnête, ou obscure, de l'acquérir.

Ô mes compagnons, hommes et femmes, je vous engage à vous laver (l'esprit et le corps) dans ce monde-ci, car il vaut mieux le faire ici que d'être soumis à ce lavage dans l'autre monde. Comme Dieu le dit : » ils trouvèrent présent devant eux ce qu'ils avaient accompli »

(Coran, chapitre 18, verset 49).

Ceux qui prennent note des actes et des paroles (des hommes) demeurent vigilants à tout instant et ne laissent rien passer. Soyez pleins de zèle dans l'obéissance à Dieu et à son Envoyé, et repentez-vous à chaque instant.

Regretter ce qui est déjà passé, réparez ce qui peut l'être, et prenez de bonnes résolutions. Servir Dieu est un devoir de toute créature, car Dieu le Très Haut a dit : « Je n'ai créé les hommes et les djinns qu'afin qu'ils m'adorent » (Coran, chapitre 51, verset 56).

Il a encore dit Lui le Très Haut « il ne leur a été demandé que d'adorer Dieu par un culte sincère » (Coran, chapitre 98, verset 5). Adorez Dieu et ne vous laissez pas aller comme si vous étiez à l'abri des stratagèmes de Dieu. Seuls les perdants se croient à l'abri des stratagèmes de Dieu. Persistez corps et âme dans la crainte sincère de Dieu, et l'humilité. Craignez Dieu, craignez ses châtiments et ses calamités, et espérez obtenir sa miséricorde par l'intercession de la sainteté de son Envoyé (Paix et bénédiction de Dieu sur lui). Ne vous fiez pas au seul mérite de vos actes. Partagez votre coeur entre l'espérance en Dieu et la crainte de Dieu. Soignez avec précaution cette crainte de Dieu, comme, en vérité, il se doit. Il a dit dans son livre : « la meilleure provision, c'est la crainte de Dieu, craignez-moi donc ô vous qui êtes doués d'intelligence »

(Coran, chapitre 2, verset 1 97). Dieu le Très Haut a encore dit : « adore ton Dieu jusqu'à ce que la mort vienne à toi » (Coran, chapitre 15, verset 99).

Moi, Limamou Lahi, qui vous parle, sachez que tout ce que je vous conseille pour l'accomplissement du Bien par le corps et par la parole, tout cela, s'il plaît à Dieu, je le pratique à tel point que vous ne pourrez pas en faire autant. Prenez exemple sur moi et prenez exemple sur mes actes et mes paroles. Si vous le faites complètement, je vous conduirai dans la voie du salut.

Je vous recommande d'éviter la médisance, la calomnie, le mensonge, la trahison et le fait de raconter beaucoup de choses sur quelqu'un que vous n'aimez pas. Évitez la jalousie, la haine, l'orgueil, et l'ostentation. Purifiez vos oeuvres en les consacrant à Dieu. L'Envoyé de Dieu (bénédiction de Dieu et Paix sur lui) avait dit à ses compagnons : « ne vous haïssez pas, ne soyez pas jaloux les uns des autres, ne vous éloignez pas les uns des autres, ne vous provoquez pas et évitez de vous humilier les uns par les autres. Soyez frères, vous les serviteurs de Dieu ». Moi aussi, je ne vous recommande rien d'autre que cela.

Je vous recommande la pratique régulière de la prière. La première chose sur laquelle on questionnera l'homme, le jour du jugement dernier, c'est l'accomplissement de la prière, ainsi que le respect de ses règles et conditions d'exécution.

Je vous recommande de vous occuper de vos familles. Chacun de vous est un berger, or le berger est responsable de ce dont il est le gardien. Au chef d'un pays, on demandera des comptes sur la manière dont il a gouverné son pays. Au juge on demandera des comptes sur les affaires du village. Au père de famille, on demandera des comptes sur sa famille. Au possesseur d'une chambre, on demandera des comptes sur l'utilisation de cette chambre. A la femme, on demandera des comptes sur le respect de la chambre de son mari, et de son lit. On demandera au serviteur de rendre compte de la manière dont il s'est occupé des affaires de son maître. De même, les différentes parties du corps de l'homme donneront un témoignage sur ce qu'on a fait.

Je vous recommande donc le bon accomplissement de vos devoirs familiaux. Un père de famille défaillant sera accusé par les membres de sa famille devant Dieu le Très Haut. Ils diront « ô notre Dieu, celui-là était notre chef, mais il ne nous a jamais conseillé d'adorer Dieu, prends donc sur lui les préjudices qu'il nous a ainsi causés ». On évaluera alors l'étendue des préjudices, et l'on déduira le tout de la somme des biens qu'il possède. S'il n'en possède pas, on puisera sur les pêchés des membres de sa famille une quantité équivalant aux préjudices, pour l'ajouter à ses propres péchés. Si les membres de sa famille en arrivent à cela, c'est à cause de l'aveuglement et de la frayeur qui les frappent, à la vue de l'enfer, de ses supplices, de ses flammes et étincelles, tandis qu'ils ne savent pas comment en être sauvés. Voilà pourquoi, on prélève sur le père de famille les préjudices résultant du fait qu'il n'a pas conseillé ou éduqué les membres de sa famille. De même, des femmes diront « ô mon Dieu, celui-là était mon mari sur la Terre. Il me battait pour m'imposer le respect de son lit. Il ne m'a jamais battue pour manque d'obéissance à Dieu et à son Envoyé, ou pour manque de pratiquer les prières, le lavage rituel, les ablutions et le jeûne . il ne m'a jamais interdit la danse, les chansons frivoles, le bavardage et les injures . ô mon Dieu prends sur lui les préjudices qu'il m'a ainsi infligés ». Les fils diront aussi : « ô notre Dieu, prends sur notre père les préjudices qu'il nous doit : il ne nous avait pas donné un nom qui figure parmi les noms des saints, il ne nous a pas éduqués, il ne nous a rien fait savoir du Livre de Dieu ; il ne nous avait pas interdit ce que Dieu interdit; il ne nous avait pas conseillé la pratique des commandements de Dieu il nous avait abandonnés, et nous avait laissés l'entière liberté de faire le Mal, ô Dieu prends donc sur lui les préjudices qu'il nous a infligés ». Les esclaves, hommes et femmes diront, « ô notre Seigneur, celui-là fut notre maître sur Terre, il nous ordonnait de travailler, nous chargeait de commissions pour la satisfaction de ses propres besoins, et se montrait hautain à notre égard, mais il ne nous a jamais ordonné d'obéir à Dieu et à son Envoyé, et lorsque nous avions fini, de travailler pour lui,. il nous laissait l'entière liberté de faire ce que nous voulions : il ne nous a rien fait savoir sur les commandements de Dieu, il ne nous avait pas interdit ce que Dieu interdit, ô notre Seigneur prends sur lui les préjudices qu'il nous a infligés ».

Dieu est un Souverain juste. A chaque créature, il paiera ce qui lui est dû comme préjudice, le jour du jugement dernier, de sorte que nul ne devra plus rien à personne, il y aura, de même, le jour du jugement dernier, des préjudices qui peuvent résulter pour vous, de tout ce que vous possédez : moutons chèvres, chevaux, chameaux, volaille ou tout autre chose. Or chaque responsable d'un préjudice subira le prélèvement de la valeur du dommage qu'il a causé car

Dieu s'est interdit à lui-même l'injustice et a décrété son interdiction parmi ses serviteurs or Dieu sait tout et n'oublie rien. Tout ce que vous avez fait se trouve, conservé dans le Livre de Dieu (Lawil Makhefous) jusqu'au jour du jugement dernier. C'est un jour à craindre, les secrets seront divulgués, celui qui possède à son actif une bonne action en aura jouissance, par contre celui qui possède à son passif une mauvaise action en pâtira.

Soyez prompts à vous repentir ; n'hésitez pas trop lorsqu'il s'agit d'accomplir le Bien. Que celui qui a l'intention de faire du Bien fasse vite avant que l'occasion n'échappe. Par contre, que celui qui est sur le point de faire du mal se donne des délais, afin qu'il puisse entre-temps abandonner son projet. Dieu inspire la pratique des bonnes ouvres à celui qu'il veut combler de ses faveurs. Soyez patients, et supportez-vous, les uns les autres, avec patience. Unissez-vous, craignez Dieu afin que vous fassiez partie des bienheureux, et que vous soyez sauvés des supplices douloureux et violents de Dieu.

Je vous recommande de circoncire les jeunes garçons et de marier les jeunes filles, car la mort vous cherche à chaque instant. Or la mort est un lot réservé à tout vivant. Dieu le Très Haut a dit : « Toute âme goûtera la mort » (Coran, chapitre 55, verset 24). Or la mort ne vient que par surprise, elle interrompt les projets d'avenir, rend orphelins les enfants ; elle finit par disperser les groupes (d'amis, de parents ou autres). Or la mort est un breuvage de regret que boira toute âme. Après l'avoir bu, celui qui pratiquait de bonnes oeuvres regrettera de n'avoir pas fait davantage de Bien. Celui qui faisait le Mal regrettera aussi, là où les regrets n'ont aucune utilité. La mort séparera ceux qui s'aiment deux époux, la mère et son- enfant, deux amis, deux intimes. Elle réduira toute maison en ruine. Nombreux sont les pays ou grandes villes et villages qui ont fini par être un lieu désert. Nombreux sont ces lieux abandonnés qui furent avant leur décadence remplis de monde, de beaux bâtiments et maisons que la mort a fini par anéantir.

Rappelez-vous le jour où Dieu ordonnera à Asrafil de souffler dans la trompette. Ce jour-là, dès qu'il aura soufflé, nul ne manquera à l'appel ; les anges, les hommes, les djinns et les autres créatures, tous se réveilleront et se tiendront debout. C'est le jour où l'on verra les cheveux d'un enfant blanchir à cause de la frayeur. Craignez donc ce jour et faites de bonnes oeuvres pour ce jour. Celui qui aura devant lui ses bonnes ouvres en sera plein de joie.

Tous les Envoyés de Dieu, tous les saints et tous les connaisseurs de Dieu craignent ce jour-là. Ce jour, une femme qui allaiterait un enfant serait aveuglée au point de ne plus reconnaître cet enfant, une femme enceinte subirait un avortement, à cause de la frayeur. On verra des gens agités par une ivresse due non pas à la boisson, mais à l'intensité en eux des supplices de Dieu.

Sachez qu'il est du devoir de tout chef religieux de pratiquer avec ferveur les commandements de Dieu et de son Envoyé, et de conseiller à ses adeptes d'en faire autant. Il doit leur inspirer la crainte des supplices de Dieu, leur rappeler constamment Dieu, les avertir, les exhorter à s'éloigner du Mal. Il ne doit pas chercher à obtenir de ses adeptes des avantages qui lui importent plus que leur pratique des commandements de Dieu et de son Envoyé.

Celui qui appelle les hommes vers Dieu, qui prétend détenir une voie droite, qui cherche à avoir des adeptes et qui se soucie surtout de s'enrichir auprès d'eux, ou le chef religieux qui laisse ses adeptes se conduire selon leur bon plaisir, sans qu'il les avertisse, ou qui leur promet le salut dans l'autre monde sans que cela soit par leur pratique des commandements de Dieu et de son Envoyé, est un homme qui s'est précipité lui-même dans la colère de Dieu. Et il a en outre égaré et condamné ses adeptes. Ceux-ci réclameront le jour du jugement dernier le prélèvement sur leur chef religieux du montant des préjudices qu'ils ont subis. Mais ils ne pourraient le faire que s'ils ignoraient les mensonges de leur guide. En effet s'ils avaient suivi ce guide, connaissant ses mensonges, ou s'ils l'ont suivi parce qu'ils appréciaient la légèreté de ses principes et son indulgence à l'égard de leurs péchés, alors il ne leur servirait à rien de réclamer un dédommagement car ils sont comme leur chef des chacals destructeurs.

Ô vous Croyants, craignez Dieu, craignez la mort et l'ivresse de l'agonie ainsi que la violence de l'extraction de l'âme (du corps du mourant). Craignez l'obscurité de la tombe, l'interrogation faite par les anges, les supplices à l'intérieur de la tombe, la pression qu'exerce la Terre ainsi que la longue durée du séjour dans la tombe jusqu'au jour du jugement dernier.

Craignez le moment où l'on ressuscitera, la terreur du jour du jugement dernier, le pont Sirât, ainsi que l'enfer et les supplices réservés aux mécréants et aux hypocrites. Voilà des paroles qui suffisent pour convaincre.

Nul n'échappera à la mort. La Terre avalera tout ce que vous enfanterez.

Tout ce que vous amasserez comme richesse reviendra à vos héritiers. Blanchissez, lavez-vous et devenez propres ; il y a, en ce monde-ci, de l'eau et du savon (L'eau et le savon, c'est se repentir, demander le pardon de Dieu et exécuter correctement ses commandements). Si vous suivez ce que je vous dis, vous en verrez 1'utilité demain à l'autre monde. Si vous ne le suivez pas, vous ne nuirez qu'à vous-mêmes. Vous ne pouvez en aucune façon nuire à Dieu. Moi je suis un donneur de directives, or Dieu le Très Haut a dit dans son livre : « Celui qui est un Envoyé n'a d'autre devoir que de transmettre. Or moi j'ai transmis. Celui qui sera rebelle et aura préféré la vie présente aura pour demeure l'enfer appelé Jahîm. Celui qui aura redouté le moment de sa présence devant Dieu, et éloigné son âme des jouissances, aura le paradis pour demeure » (Coran, chapitre 79, versets 37, 38, 39, 40).

Sachez que notre temps est agité, cela signifie la fin des temps. Prenez comme exemple une eau qui s'épuise, ce qui reste au fond du récipient est toujours trouble.

Donnez fréquemment l'aumône, car l'aumône écarte les calamités et les accidents malheureux. Elle attire la fortune, et le jour du jugement dernier, elle constituera une ombre pour abriter celui-là donnait l'aumône. Il est écrit dans le Livre de Dieu « l'homme ne récoltera que le fruit de son action » (Coran, chapitre 53, verset 39).

Votre richesse ne peut vous être utile que par la portion qui a servi à vous nourrir, la portion qui a servi à vous habiller et la portion que vous avez investie pour demain dans une ouvre consacrée au service de Dieu.

Fatiguez votre corps par la pratique de la prière et du jeûne. Purifiez vos richesses par le paiement de l'impôt (la Zakat). Dieu a dit : « accomplissez la prière et payez l'impôt » (Coran, chapitre 2, verset 4). La prière est le pilier de la religion. Celui qui l'accomplit régulièrement en respectant ses conditions d'exécution et ses modalités comme ses stations debout, ses génuflexions, ses prosternations et ses invocations, celui-là a consolidé la religion de Dieu. Par contre, celui qui sous-estime la prière est un destructeur de la religion de Dieu.

Cependant les prières de celui qui ne paie pas la Zakat de sa fortune ne seront pas agréées.

Tâchez de conseiller constamment la pratique de bonnes ouvres et de déconseiller les actions mauvaises, car comme l'a dit l'Envoyé (bénédiction de Dieu et Paix sur lui) : « Ceux qui conseillent la pratique du Bien et déconseillent le Mal sont ceux qui seront le jour du jugement dernier assis sur des fauteuils moelleux, à l'ombre du Trône de Dieu ».

Entraidez-vous, soyez patiemment indulgents les uns à l'égard des autres, instaurez la Paix entre vous, soyez cléments les uns envers les autres et soyez généreux les uns pour les autres. Dieu est à l'égard des Croyants très clément.

« Celui qui aura fait le Bien du poids d'un atome le verra et celui qui aura commis le Mal du poids d'un atome le verra aussi » (Coran, chapitre 99, versets 7 et 8).

Que Dieu ait pitié de vous, qu'il vous accorde le salut et la Paix et qu'il vous dirige dans le droit chemin. — Amen.

Que la bénédiction de Dieu et le salut soient sur Muhammad, sur sa famille et ses compagnons

LES PAROLES DE SEYDINA LIMAMOU LAYE AL MAHDI

Au nom de Dieu, clément et miséricordieux.

Bénédiction de Dieu sur Seydina Muhammad

Louanges à Dieu, que sa bénédiction et la Paix soient sur l'Envoyé de Dieu.

C'est Limamou Lahi le noble saint maître, bien connu, qui exhorte à la pratique du bien et déconseille le mal, qui adresse à tous ses disciples qui croient en Dieu et en son Envoyé. et qui ont saisi la solide corde de Dieu, ses salutations, leur dis que la paix soit avec vous ainsi que la clémence et la bénédiction de Dieu.

Je rends grâce à Dieu de ses faveurs pour vous, c'est lui le Souverain, en dehors de qui il n'y a aucun autre souverain qui mérite un culte en toute vérité. Le but de ce sermon est de vous adresser mes salutations et de vous demander les nouvelles de votre bien-être, de votre sécurité, de votre famille et de vos maisons.

Je vous rappelle ce que vous êtes, je vous rends visite sincèrement et vous demande comment vous pratiquez le culte que vous rendez à Dieu, comment vous gouvernez (vos affaires et vos familles), est-ce avec légèreté ou pas ? Je vous commande de pratiquer ce que Dieu et son Envoyé vous commandent et je vous interdis ce qu'ils interdisent.

Sachez que Seydina Muhammad, bénédiction de Dieu et paix sur lui, est né à La Mecque, et c'est là qu'il reçut sa mission d'Envoyé de Dieu. Il y avait trouvé une religion qu'il anéantit et implanta l'Islam, qui est la droite religion de Dieu. Celui qui croit en l'Islam et le pratique sera sauvé. Celui qui le traite de mensonge tombera dans la déchéance. Le maître de ces temps-ci (saydu hâza zamâni) est venu. Entre lui et les savants il y a des différences (de conceptions religieuses) et ceux-ci l'ont rejeté. Or il appelle à la religion, avec droiture, vers Dieu. Celui qui le suit et atteste la véracité de sa mission s'engage dans la droiture, par contre, celui qui traite sa mission de mensonge tombera dans la déchéance.

Sachez que la religion doit être également pratiquée par adultes et jeunes, hommes et femmes.

Vous avez lu ce que Dieu le Très Haut a dit : « les hommes et les femmes soumis à Dieu, les croyants et les croyantes, les personnes pieuses des deux sexes, les personnes justes des deux sexes, les personnes des deux sexes qui supportent tout avec patience, les hommes et les femmes qui craignent, les hommes et les femmes qui font l'aumône, les personnes des deux sexes qui observent le jeûne, les personnes chastes des deux sexes, les hommes et les femmes qui se souviennent de Dieu à tout moment, pour eux Dieu a préparé pardon et énormes récompenses » (Coran, chapitre 33, verset 35) ; Or le savoir ne peut servir que lorsque la croyance en Dieu et la crainte de Dieu l'accompagnent, et qu'on le pratique, sinon il ne sert à rien. Le savoir est une chose très utile lorsqu'il est allié à un coeur qui craint Dieu. Soyez des pratiquants zélés car vous êtes dans la même situation que les premiers musulmans à qui l'on ordonnait de faire la guerre sainte et qui se battaient et versaient leur sang pour la religion de Dieu. Quant à nous, nous n'avons pas à faire la guerre sainte, je vous commande seulement la guerre contre les passions de l'âme. Jihadu nafsi) (1). Cette guerre consiste à dominer autant que vous le pouvez toutes les parties de votre corps et à pratiquer les commandements de, Dieu, comme il les a ordonnés.

Je ne vous demande pas de me donner vos biens, je ne vous demande pas non plus de me donner vos moyens de vous enrichir. Mais je vous demande ce qui appartient à Dieu, et qui est un commandement impératif de Dieu, qui est obligatoire pour vous, c'est-à-dire le paiement de l'impôt (la zakat).

Dieu a commandé le paiement complet, et à son heure, de la zakat. Celui qui en soustrait une portion aussi petite qu'un atome aura à la payer le jour où, avoir des enfants ou de la richesse ne sert à rien. Vous ne devez ni manger ni boire ce que vous devez payer au titre de la zakat. Vous devez plutôt le donner en aumône. Or (ce jour) l'âme ne pourra rien pour elle-même.

Celui à qui Dieu a donné en ce monde un guide religieux qui lui prodigue de bons conseils et lui dicte des interdits doit louer Dieu et son Envoyé et remercier ce guide.

Sachez que la zakat appartient à Dieu. Celui qui s'en acquitte convenablement recevra un salaire complet. Celui qui en soustrait une partie, ou en dépense le montant ailleurs a commis un péché. Soyez de zélés pratiquants et craignez Dieu d'une crainte sincère et rendez lui le culte comme il l'a ordonné. Faites partie de ceux qui pratiquent avec pureté. Un Envoyé de Dieu n'a d'autre devoir que de transmettre, or moi j'ai transmis.

Celui qui entend l'appel et le suit accomplit une belle action ; celui qui l'entend et s'en détourne n'a fait du tort qu'à lui-même.

C'est un devoir pour les adultes d'ordonner aux enfants, aux femmes et aux esclaves de pratiquer la religion ; ces pratiques devant être effectuées sainement. Surveillez vos animaux pour les empêcher de porter préjudice aux voisins. Soyez cléments à l'égard des besoins de vos épouses, en nourriture et évitez de leur infliger des torts.

J'ai appris que certains d'entre vous, Layènes, avez eu des querelles avec leurs compagnons qui sont des disciples de Cheikh Ahmadou Bamba, et avec d'autres. Ceux-là et vous-mêmes êtes tous des musulmans, et il ne doit exister entre vous que fraternité. Il ne doit pas exister parmi les adeptes de l'islam d'inimitié et de haine. Sachez que la religion c'est la générosité, l'amour et l'entraide.

Rappelons qu'un jour le Prophète Muhammad, bénédiction de Dieu et paix sur lui, revenant d'une guerre sainte a dit à ses compagnons : nous venons de quitter la petite guerre et avons l'intention de pénétrer dans la grande guerre, la guerre contre les passions de l'âme.

(2) Il semble que Seydina Limamou fait allusion, ici, au devoir conjugal d'assiduité auprès de son épouse.

Dans la religion, polémiques et disputes sont interdites. Chercher à vous rabaisser l'un l'autre, à vous salir, à vous avilir et la rivalité sont également interdits dans la religion. Ne cherchez pas à vous surpasser les uns. les autres que dans la droiture et la crainte de Dieu. Que chacun de vous, musulmans, suive celui qui est son guide et son appui religieux, pratique ce qu'il a ordonné et imite ses qualités. Ne placez pas ce bas monde devant vous, laissez le derrière vous.

Lorsque vous recevrez ce message, vous devrez le lire parmi vous et parmi les musulmans présents.

Réunissez-vous en toute pureté d'intention et unissez vos coeurs pour l'amour de Dieu et de son Envoyé.

N'empêche que vous pouvez aller vers celui qui reste chez lui (pour lui donner lecture du message).

Paix sur vous

LES PAROLES DE SEYDINA LIMAMOU LAYE AL MAHDI

Au nom de Dieu clément et miséricordieux.

Louanges à Dieu, Souverain des créatures qui a ordonné la probité et l'embellissement (des actions). Bénédiction de Dieu et paix sur le meilleur des Envoyés de Dieu.

Mille salutations de Limamou Laye sont adressées à ses intimes, à ses amis, à ses disciples,, comme Abdoulaye Diallo et tous ses parents musulmans, aux hommes, aux femmes, jusqu'aux poules de leur maison. Je leur fais savoir que je leur recommande la crainte de Dieu, le Très Haut. Je leur ordonne ce que Dieu ordonne et leur interdis ce qu'il interdit. Je leur recommande aussi, de s'unir en un bloc, de s'entraider, de se rendre visite mutuellement, de se consulter, de s'aimer en tout instant devant Dieu et son Envoyé.

Laissez derrière vous ce bas monde. Ne le placez pas devant vous, car il ne manque pas de trahir par surprise celui qui s'accroche à lui.

Sachez que moi, je ne cherche pas à acquérir des bâtiments, ni des boutiques ; je ne cherche pas à avoir du bétail ni des chameaux, ni des ovins, ni des chevaux, ni des ânes ; je ne cherche pas un ensemble d'hommes pour me cultiver des champs ; je n'envoie, non plus, aucun émissaire chargé de recueillir pour moi des dons ou des aumônes. Je n'ai non plus conseillé à personne de chercher à acquérir des bâtiments, des boutiques ou des baraques. Celui qui veut me suivre doit abandonner ce bas monde et ce qu'il contient, lui accorder une faible importance, et il doit s'adonner avec dévotion aux oeuvres de l'au-delà, car. c'est l'autre monde qui est éternel, les biens acquis là-bas demeurent à jamais.

Celui qui, en ce monde, possède beaucoup de bâtiments, de marchandises, de bagages ou des ovins, du bétail, des chameaux, devra nécessairement un jour les laisser derrière lui et s'en aller vers l'autre monde, pour que d'autres se les disputent.

Dans l'autre monde se trouvent des supplices intenses, la peur, des pleurs, des angoisses, si nombreux qu'on ne peut ni les retenir par coeur, ni les énumérer.

Si vous désirez le salut, accomplissez de bonnes oeuvres, multipliez l'évocation des noms de Dieu, à tout instant, regrettez ce qui vous a déjà échappé, et purifiez vos richesses par l'aumône, par des dons et par des aides accordées à vos parents.

C'est Dieu qui rétribuera celui qui me fait don d'une portion de son avoir, ou m'en fait aumône, car il paiera à chacun de ses serviteurs ce qu'il a accompli.

Si vous découvrez quelqu'un dont les conseils sont meilleurs que les miens, ou quelqu'un qui vous interdit plus de mauvaises choses que moi, abandonnez-moi et suivez-le.

Que la paix soit avec celui qui se maintient dans la droiture et se détourne de ses passions et de ses plaisirs.

Louanges à Dieu, Souverain de l'univers

LES PAROLES DE SEYDINA LIMAMOU LAYE AL MAHDI

Au nom de Dieu clément et miséricordieux.

Louanges à Dieu, Souverain de l'univers.

Bénédiction de Dieu et paix sur celui qui est Envoyé pour le triomphe de la vérité et pour chasser le néant.

Que la paix soit avec vous, ainsi que la clémence et la bénédiction de Dieu. O vous qui croyez en Dieu et en son Envoyé, ceci est une recommandation qui émane de Limamou Laye et s'adresse à ceux qui sont ses Moukhadam (ses fondés de pouvoir) qui ont pouvoir de donner le wird (donner le wird à quelqu'un : c'est lui faire connaître les formules religieuses à réciter au chapelet, propres à une confrérie religieuse, et l'autoriser de les pratiquer, au moment où il adhère à cette confrérie)

Sachez qu'il y a des circonstances dans lesquelles vous devez agir avec ferveur sans aucune négligence. Je vous recommande d'être indulgent à l'égard des fidèles sur certains manquements et d'étendre votre couverture d'indulgence à tous les musulmans. Méfiez-vous de ce qui peut en vos coeurs engendrer la haine et l'inimitié. Soyez constamment en train de tisser de bonnes relations entre vous et d'extirper tout ce qui peut engendrer dans le coeur des uns l'inimitié à l'égard des autres. Si le feu s'allume parmi vous, dépêchez vous de l'éteindre et que votre action en cela ne soit faite que dans le but d'obtenir l'agrément de Dieu. Que rien d'autre ne s'ajoute à ce but. Si vous voyez quelqu'un chercher à installer la brouille parmi les musulmans, empêchez-le, ramenez-le à la raison calmement avec des paroles douces. Je vous recommande d'intervenir auprès des fidèles avec douceur en leur facilitant les choses. Évitez de provoquer leur éloignement et éviter d'être trop rigide, dans tout ce que vous conseillez ou interdisez par obéissance à Dieu ou pour le bien-être des fidèles. Il faut en cela prendre en considération ce que l'Envoyé de Dieu avait dit : « facilitez les choses, ne les rendez pas difficiles, faites bon accueil aux gens, ne provoquez pas leur éloignement ».

Vous devez aussi éviter le genre de dette (qui consiste à prendre les biens des gens en leur promettant en échange le salut dans l'autre monde).

Détournez votre attention de ce qu'ils possèdent. Soyez convaincus que c'est Dieu le Très

Haut qui accorde la fortune, c'est Lui qui la retire, c'est Lui qui rabaisse et c'est Lui qui élève.

N'ayez d'autres soucis que de les intégrer à la religion, à l'Islam.

Bannissez la désunion et le gaspillage. Ne cherchez pas à amener les gens à vous donner leurs biens en petite ou en grande quantité. Cependant vous pouvez prendre ce que de bon coeur, ils vous donnent, sans que vous l'ayez demandé. Vous devez aussi éviter de vous montrer supérieur à ceux qui n'ont pas la charge de Moukhadam. Sachez que vous êtes sur le même pied d'égalité qu'eux, dans tout ce que j'ai ordonné aux musulmans dans le sermon N° 1. Si vous accomplissiez complètement ce que je vous ai ordonné, vous en tirerez profit en ce monde et dans l'autre. Si vous faites le contraire de ce que je vous ai ordonné, vous ne devrez ne vous en prendre qu'à vous-mêmes. Or le jour du jugement dernier, des gens chercheront à obtenir réparation (de préjudices) à vos dépens ; puisque vous êtes mes représentants, c'est vous qui, à ma place, avez pouvoir de donner le wird, c'est pourquoi vous devez aussi, à ma place, ordonner la pratique du bien et interdire les mauvaises actions.

Ne vous laissez pas entraîner par vos plaisirs. Les plaisirs et Satan feront tomber dans la déchéance ceux qui les suivent. Efforcez-vous de vivre dans la probité, de pratiquer de bonnes ouvres et de belles actions, d'être bons gardiens de vous-mêmes, et livrez la grande bataille qu'est le combat contre ses passions.

Le vertueux chef religieux, fils d'une vertueuse personne Cheikh Ahmad Tidjan avait dit, dès le début des recommandations qu'il donnait à quelqu'un qui était Moukhadam dans sa confrérie religieuse : « ordonne le bien parmi les tiens autant que tu peux, cherche avec ferveur à avoir un caractère doux ; peu s'en faut que le doux devienne un Envoyé de Dieu ; détache toi de ce que les gens détiennent dans leurs mains et ils t'aimeront, de même détache-toi de ce monde et Dieu t'aimera ; le fait que Dieu ramène à la droiture une seule personne, par ton action, vaut mieux pour toi que tout autre chose ».

Que la paix soit avec celui qui suit la voie droite. Que Dieu vous rende droits, qu'Il assure votre sécurité ainsi que celle de tous les musulmans.

Amen

Sommaire

I LE ZIKR OU L'INVOCATION D'ALLAH..1

II LA PURIFICATION..3

III LA PRIERE...8

LES PAROLES DE SEYDINA LIMAMOU LAYE..19

LES PAROLES DE SEYDINA LIMAMOU LAYE..27

LES PAROLES DE SEYDINA LIMAMOU LAYE AL MAHDI..........................36

LES PAROLES DE SEYDINA LIMAMOU LAYE AL MAHDI..........................40

LES PAROLES DE SEYDINA LIMAMOU LAYE AL MAHDI..........................42

Printed by Books on Demand GmbH, Norderstedt / Germany